AF268215

17377

LES CENT-UNE PROPOSITIONS

CONDAMNE'ES

PAR LA

CONSTITUTION UNIGENITUS,

AVEC LEURS QUALIFICATIONS.

A AMSTERDAM:

Chez CLAUDE-NICODEM CAFFARD,
à la Bulle.

———————————

M. DCC. XXXVI.

LES CENT-UNE
PROPOSITIONS
CONDAMNE'ES
PAR LA CONSTITUTION
UNIGENITUS,
AVEC LEURS QUALIFICATIONS.

Sur l'Air, *O reguingné, o lon lan la.*

PREMIERE.

SANS son Dieu l'ame est sans soutient,
Sans grace il ne lui reste rien.
Que peché, qu'impuissance au bien.
Clément le nie, & voilà comme
L'Homme sans Dieu peut tout à Rome.

II.

Il faut une grace au Chrétien,
Qui de foi fasse en lui le bien ;
Sans son secours il ne peut rien.
Clément le nie, & voilà comme
On dément Jesus-Christ à Rome.

III.

En vain, Seigneur, vous commandez,

Joan.
ch. 15.
v. 5.

4

Si vous-même vous n'accordez
Les vertus, que vous demandez;
Clément le nie, & voilà comme
Pelage (*a*) fit jadis à Rome.

I V.

Oüi tout est possible à celui;
Dont la foiblesse a pour apui
la grace qui le fait en lui.
Clément le nie, & voilà comme
On peut le bien sans grace à Rome.

V.

La plus vive exhortation
Ne fait, sans l'esprit d'onction,
Qu'endurcir par occasion.
Clément le nie, & voilà comme
On convertit sans grace à Rome.

V I.

Sous la loi, Dieu nous a fait voir
L'Homme impuissant à son devoir,
Sous la grace il fait tout pouvoir.
Clément le nie, & voilà comme
Les deux loix n'en font qu'une à Rome.

V I I.

Sous le joug pesant de la loi,

(*a*) Ce fut à Rome que Pelage ayant entendu ces paroles qui se trouvent plusieurs fois dans
les Confessions de S. Augustin. *Donnez-moi ce
que vous me commandez, & commandez-moi ce
que vous voudrez,* se récria comme s'il eût
entendu un blasphême; & dès ce moment il
commança de découvrir ses mauvais sentimens
contre la nécessité de la grace.

Dieu laiſſa l'homme foible à ſoi,
La grace vint avec la foi.
Clément le nie, & voilà comme
La loi vaut l'Evangile à Rome.

VIII.

Je n'apartiens à Jeſus-Chriſt,
Qu'autant que Dieu par ſon Eſprit
Fait en moi ce qu'il me preſcrit.
Clément le nie, & voilà comme
Saint Paul n'eſt qu'un menteur à Rome. *Rom.*
8. v. 9.

IX.

Nul ne peut confeſſer le Chriſt
Sans la force de ſon Eſprit,
Avec lui nul ne le trahit.
Clément le nie, & voilà comme
On redreſſe ſaint Paul à Rome. *1. Cor.*
12. v.
3.

X.

La grace eſt un effort puiſſant
De la main du Dieu tout-puiſſant,
Malgré tout obſtacle agiſſant.
Clément le nie, & voilà comme
On ſe connoit en grace à Rome.

XI.

La grace, tout bien diſcuté,
N'eſt en Dieu que ſa volonté,
Qui fait ce qu'il a commandé.
Clément le nie, & voilà comme
On ſe connoit en grace à Rome.

XII.

Quand Dieu Tout-puiſſant veut ſauver,
Ce qu'il veut ne peut qu'arriver.

Poëm. Prosper a sçû le bien prouver,
p. 13. Clément le nie, & voilà comme
Les Peres sont traités à Rome.

XIII.

Le salut d'une ame est certain,
Quand Dieu la touche de sa main :
Sous lui fléchit tout cœur humain.
Clément le nie, & voilà comme
On croit Dieu tout-puissant à Rome.

XIV.

Quelque loin que soit un pécheur,
Quand Jesus se montre à son cœur,
Il faut qu'il coure à son Sauveur,
Clément le nie, & voilà comme
Jesus-Christ se fait suivre à Rome.

XV.

Quand l'Onction du Saint Esprit
Se joint à ce que Dieu prescrit.
A sa parole on obéit.
Clément le nie, & voilà comme
La grace est efficace à Rome.

XVI.

Le charme le plus séduisant
Contre la grace est impuissant,
Rien ne résiste au Tout-puissant.
Clément le nie, & voilà comme
Notre *Credo* s'abrege à Rome.

XVII.

La voix du Pere attire aux Fils,
Quiconque l'entend est soumis ;
Qui ne vient point n'a point appris.

Clément le nie, & voilà comme
On croit à l'Evangile à Rome.

XVIII.

De la parole le bon grain
Produit toûjours un fruit certain,
Quand Dieu l'arrofe de fa main.
Clément le nie, & voilà comme
Dieu même en vain travaille à Rome.

XIX.

La grace, c'eft la volonté
Du Tout puiffant. La vérité
Dans les faints livres l'a dicté.
Clément le nie, & voilà comme
On entend l'Ecriture à Rome.

XX.

Connoiffez la grace à ce trait,
Ce que Dieu veut a fon effet;
Il parle en maître, & tout fe fait.
Clément le nie, & voilà comme
Dieu veut plus qu'il ne peut à Rome.

XXI.

Le Pere en nous opere autant,
Que dans fon Fils en l'incarnant,
Ou même en le reffufcitant;
Clément le nie, & voilà comme
La grace eft au rabais Rome.

XXII.

Nôtre coopération
Avec la divine action
Se voit dans l'Incarnation.
Clément le nie, & voilà comme

A iiij

On a des yeux sans voir à Rome.

XXIII.

Tout être qui du néant sort,
Tout homme tiré de la mort,
De la grace exprime l'effort.
Clément le nie, & voilà comme
La grace est toûjours foible à Rome.

XXIV.

Ce que le Centenier a dit
Du corps que d'un mot Dieu guérit,
Fait voir ce qu'il peut sur l'esprit.
Clément le nie, & voilà comme
l'Eglise (b) est d'accord avec Rome.

XXV.

Dieu par sa volonté guérit
Les maux du corps & de l'esprit:
Il commande, & tout obéit.
Clément le nie, & voilà comme
Dieu ne peut que ce que veut Rome.

XXVI.

Lorsque Dieu m'inspire la foi,
Je m'aproche de lui, je crai,
Sans quoi point de grace pour moi.
Clément le nie, & voilà comme

(b) Les parolles dont le Centenier se servit
pour demander la guérison de son serviteur,
sont adoptées depuis plus de 1500. ans par
toute l'Eglise pour demander la guérison des
ames. Pourquoi se seroit-elle fait une loi de
parler comme lui, si elle ne pensoit pas de
meme ? Les formules de ses prieres sont la
preuve & la regle de sa foi.

On est sauvé sans croire à Rome!

XXVII.

La foi c'est le premier des dons;
C'est à la foi que nous devons
Tous les dons que nous recevons,
Clement le nie, & voilà comme
Sans croire on obtient tout à Rome!

XXVIII.

Quand Dieu rend au pecheur sa paix
En lui pardonnant ses forfaits,
C'est le premier de ses bienfaits.
Clément le nie, & voilà comme
Sur les mots (c) on chicanne à Rome!

XXIX.

Tant que hors de l'Eglise on vit,
On est privé de Jesus-Christ;
Et sans ressource on y périt.
Clément le nie, & voilà comme
Hors de l'Arche on se sauve à Rome!

XXX.

Certainement Dieu sauvera
Tous ceux des hommes qu'il voudra;
Et pas un d'eux ne périra.
Clément le nie, & voilà comme
Dieu fait moins qu'il ne veut à Rome!

XXXI.

De Jesus-Christ tous les souhaits

(c) Le mot de grace, qui se trouve dans
le Texte de cette proposition, signifie une
faveur, un don, un bienfait, & non pas
une grace d'action.

Ont leurs infaillibles effets;
Dans les cœurs ils portent la paix.
Clément le nie, & voilà comme
On croit à l'Evangile (d) à Rome.

XXXII.

A la mort vous vous condamnez;
Jesus, pour sauver les aînés,
Qui sont tous vos prédestinés.
Clément le nie, & voilà comme
On sauve les damnez à Rome.

XXXIII.

Ah, qu'il faut être mort à soi!
A, qu'en Jesus il faut de foi!
Pour dire: *il s'est livré pour moi.*
Clément le nie, & voilà comme
De soi-même on présume à Rome.

XXXIV.

Le mérite dans l'homme sain
Pourroit selon Saint Augustin
Se nommer un mérite humain.
Clément le nie, & voilà comme
Ce Pére n'est qu'un S* à Rome.

XXXV.

La grace qu'Adam recevoit
De sa création suivoit;
A son état Dieu la devoit.
Clément le nie, & voilà comme
Dieu n'est qu'à demi juste à Rome.

(d) *Pour moi je sçai que vous m'exaucez toûjeurs.* En S. Jean, c. 11. v. 42.

XXXVI.

Adam reçut la grace en foi,
Aujourd'hui par une autre loi
De Jesus elle coule en moi.
Clément le nie, & voilà comme
La branche vit sans l'arbre à Rome.

XXXVII.

La grace aidoit l'homme innocent,
Mais à l'homme foible à présent
Il faut un secours plus puissant.
Clément le nie, & voilà comme
Le peché ne nuit point à Rome.

XXXVIII.

Sans Jesus par un sort fatal,
l'homme, au plus vil esclave égal,
N'est plus libre que pour le mal.
Clément le nie, & voilà comme
Les malades sont sains à Rome.

XXXIX.

Il n'a d'yeux que pour s'égarer,
D'ardeur qu'à se précipiter,
De force que pour se blesser.
Clément le nie, & voilà comme
Le foible est sans foiblesse à Rome.

XL.

L'amour que Dieu n'a point donné,
Est un amour désordonné,
Et de Dieu sera condamné.
Clément le nie, & voilà comme
L'amour propre est sans crime à Rome.

XLI.

La science sans charité
Ne produit rien que vanité,
Qu'orgueil & qu'infidelité.
Clément le nie, & voilà comme
Jadis Saint Paul instruisoit à Rome.

XLII.

De la foi naît la sainteté :
Sans elle rien qu'impureté,
Sans elle rien qu'indignité.
Clément le nie, & voilà comme
L'homme à Dieu sans foi plaît à Rome.

XLIII.

D'un Baptisé tel est le sort,
Que, quand du sein de l'onde il sort,
Pour le monde il est comme mort.
Clément le nie, & voilà comme
Saint Paul écrivoit faux à Rome.

XLIV.

A deux amours je suis réduit :
Au bien toujours l'un me conduit,
Par l'autre tout mal est produit.
Clément le nie, & voilà comme
En amour on est neutre à Rome.

XLV.

Un cœur vuide de charité
Se remplit en cupidité,
Il n'en sort plus qu'impureté.
Clément le nie, & voilà comme
On n'est ni net, ni sale à Rome.

XLVI.

Des sens l'usage est pureté
Bon, s'il vient de la charité;
Mauvais, si c'est cupidité.
Clément le nie, & voilà comme
De ses sens l'homme est maître à Rome.

XLVII.

Le fruit de la fidélité,
S'il ne naît de la Charité,
N'est que stérile probité.
Clément le nie, & voilà comme
On se croit Saint sans l'être à Rome.

XLVIII.

Sans Christ, sans foi, sans charité,
Ce n'est en nous qu'obscurité,
Qu'égarement, qu'impureté.
Clément le nie, & voilà comme
On sauve les Chinois à Rome.

XLIX.

Sans l'amour propre du pecheur,
Nul mal ne se fait dans le cœur;
Nul bien sans l'amour du Seigneur.
Clément le nie, & voilà comme
L'amour de Dieu se prêche à Rome.

L.

Criez à Dieu soir & matin
Mon Pere: Vous criez en vain,
Si ce n'est par l'amour Divin.
Clément le nie, & voilà comme
L'amour de Dieu se prêche à Rome.

LI.

La foi produit la sainteté,
Quand elle opére en vérité :
Mais ce n'est point sans charité.
Clément le nie, & voilà comme
L'amour de Dieu se prêche à Rome.

LII.

Du salut le germe est la foi,
Mais ce germe que je reçoi,
Sans l'amour est stérile en moi.
Clément le nie, & voilà comme
Sans séve l'arbre pousse à Rome.

LIII.

Si pour Dieu l'on ne fait le bien,
Quoique ce qu'on fait soit Chrétien,
Chrétiennement on ne fait rien.
Clément le nie, & voilà comme
Les Démons sont Chrétiens à Rome.

LIV.

L'amour au Dieu de charité.
Parle seul avec liberté ;
De Dieu lui seul est écouté.
Clément le nie, & voilà comme
L'esclave au fils s'égale à Rome.

LV.

Dieu ne couronne que l'amour,
Et, pour le céleste séjour,
Toute autre voye est un détour.
Clément le nie, & voilà comme
On peut pour guide prendre Rome.

LVI.

Le prix aux justes préparé,
A l'amour seul est déféré.
Dieu par lui seul est honoré.
Clément le nie, & voilà comme
Le culte est sans amour à Rome.

LVII.

Sans l'espoir tout manque au pecheur,
Et nul sans amour dans le cœur
Ne peut esperer au Seigneur.
Clément le nie, & voilà comme
Le Diable même espere à Rome.

LVIII.

Il n'est ni Dieu, ni piété,
Ni culte, ni divinité
Qu'où se trouve la charité.
Clément le nie, & voilà comme
On sert Dieu sans l'aimer à Rome.

LIX.

Les vœux d'un obstiné pecheur
Ne font qu'irriter le Seigneur,
Ou Dieu l'exauce en sa fureur.
Clément le nie, & voilà comme
Le Saint Esprit s'abuse à Rome.

Pf. 108.
v. 7.

LX.

Si le repentir du pecheur
N'est animé que de la peur,
Il le conduit à son malheur.
Clément le nie, & voilà comme
On sauveroit Judas à Rome.

LXI.

Er peur n'arrête que la main,
Le péché plaît au cœur humain,
Tant qu'il est sans amour divin.
Clément le nie, & voilà comme
Pharaon seroit Saint à Rome.

LXII.

Qui s'abstient du mal par la peur,
Le commet encor dans le cœur,
Et devant Dieu reste pecheur.
Clément le nie, & voilà comme
On sauve Antiochus à Rome.

LXIII.

Un Baptisé malgré sa foi,
Ainsi qu'un Juif est sous la loi,
S'il n'obéit que par effroi.
Clément le nie, & voilà comme
Les Juifs sont bons Chrétiens à Rome.

LXIV.

Sous la loi nul bien ne se fait,
Car on fait le mal en effet,
Ou par la peur seule on l'omet.
Clément le nie, & voilà comme
Les Juifs sont bons Chrétiens à Rome.

LXV.

Moïse & les Docteurs suivans
N'ont point à donné d'enfans.
Des esclaves c'étoit le tems.
Clément le nie, & voilà comme
Les Juifs sont bons Chrétiens à Rome.

17

LXVI.

Nul ne doit venir au Seigneur
Comme les Brutes par terreur;
Mais d'un enfant avoir le cœur.
Clément le nie, & voilà comme
La Bête est (e) en *honneur* à Rome.

LXVII.

L'esclave en son cœur criminel.
Songeant au suplice éternel,
Regarde Dieu comme un cruel.
Clément le nie, & voilà comme
La crainte vaut l'amour à Rome.

LXVIII.

Par la foi je prie & j'obtiens,
Du salut Dieu pour les Chrétiens.
Abrege ainsi tous les moyens.
Clément le nie, & voilà comme
On s'entend en morale à Rome.

LXIX.

La foi qui croit, qui se soutient;
Les biens que pour prix elle obtient;
Tout de la bonté de Dieu vient.
Clément le nie, & voilà comme
On rend à Dieu ses dons à Rome.

LXX.

Dieu, qui si severe au pecheur

(e) L'Homme a dequoi se consoler d'être
déchû du dégré d'honneur où Dieu l'avoit
créé; si devenu semblable aux bêtes, il peut
encore s'approcher de lui sans changer d'in-
clinations. *Ps.* 48. *v.* 13.

Le punit ou le rend meilleur,
Pour l'innocent est sans rigueur.
Clément le nie, & voilà comme
Dieu n'est pas *juste Juge* à Rome.

LXXI.

La loi faite pour soulager
Met-elle la vie en danger?
Alors on peut s'en dégager.
Clément le nie, & voilà comme
On devient (*f*) Rigoriste à Rome.

LXXII.

L'Eglise aux Saints de tous les tems (*g*)
Unit les Anges innocens,
Elle est Catholique en ce sens.
Clément le nie, & voilà comme
On est bon Catholique à Rome.

LXXIII.

De Dieu ce sont tous les enfans

(*f*) La décision que la Bulle condamne dans le P. Quesnel, est de Jesus-Christ même. Il s'agit de la loi du Sabat, dont l'homme peut se dispenser pour sa conservation: parce, dit-il, *que le Sabat est fait pour l'homme & non pas l'homme pour le Sabat.* Marc. 2. y. 27. Les Machabées l'avoient décidé de même. liv. 1. chap. 2. 41.

(*g*) Qu'on examine tous les endroits d'où le P. Quesnel a tiré ces idées de l'Eglise, on verra qu'il y prend ce terme dans le même sens que le Texte sacré qu'il commente. Il faut donc que le Texte soit condamnable, ou que le Commentaire soit innocent.

Par Jesus en lui subsistans,
Et de son Saint Esprit vivans.
Clément le nie, & voilà comme,
On connoit bien l'Eglise à Rome.

LXXIV.

L'Eglise a pour Chef Jesus-Christ,
Pour membres tous ceux qu'il chérit,
Et qui vivent de son Esprit.
Clément le nie, & voilà comme
On connoît bien l'Eglise à Rome.

LXXV.

Qu'admirable est son unité !
C'est un Christ sur plusieurs enté,
Qui fait toute leur sainteté.
Clément le nie, & voilà comme
On connoît bien l'Eglise à Rome.

LXXVI.

Son corps auguste & spacieux,
Comprend les Saints de tous les lieux,
Des tems nouveaux & des tems vieux.
Clément le nie, & voilà comme
On connoît bien l'Eglise à Rome.

LXXVII.

Celui qui dans le peché vit,
Cesse d'être selon l'esprit
Enfant de Dieu, membre de Christ.
Clément le nie & voilà comme
On se croit Saint sans l'être à Rome.

LXXVIII.

Par le défaut de sainteté,
Comme par l'infidélité,

Hors de l'Eglise on est jetté.
Clément le nie, & voilà comme
On est Chrétien sans l'être à Rome.

LXXIX.

Les livres Saints font importans,
Et tous, en tous lieux, en tous tems
Doivent en rechercher le fens.
Clément le nie, & voilà comme
On prêche l'Evangile à Rome.

LXXX.

On voit que le divin écrit
A personne n'est interdit,
Puifqu'un fimple Eunuque le lit.
Clément le nie, & voilà comme
On condamne les Saints à Rome.

LXXXI.

Malgré fa fainte obfcurité,
Un Laïc plein d'humilité
Y trouve de l'utilité.
Clément le nie, & voilà comme
Dieu n'est pas un bon maître à Rome.

LXXXII.

Du jour Saint qu'il foit l'entretien,
C'est comme le lait du Chrétien,
Pourquoi le priver de ce bien ?
Clément le veut, & voilà comme
On févre les Chrétiens à Rome.

LXXXIII.

L'ôter aux femmes c'est fureur,
De ce fexe plein de candeur
Vit-on jamais naître l'erreur ?

Clément le craint, & voilà comme
On craint les fantômes à Rome.

LXXXIV.

Dieu parle dans les livres Saints
C'est fermer sa bouche aux Chrétiens
De les leur arracher des mains.
Clément le veut, & voilà comme
On fait taire Dieu même à Rome.

LXXXV.

L'Evangile aux Chrétiens ôté,
Les laisse dans l'obscurité,
Eux qui sont nés pour la clarté.
Clément le veut, & voilà comme
En plein jour il est nuit à Rome.

LXXXVI.

Défendre que comme autrefois
Le peuple unisse au chœur sa voix,
C'est renverser les saintes loix.
Clément le fait, & voilà comme
La Colombe est muette à Rome.

LXXXVII.

Pour être reconcilié,
Que le pecheur humilié
Demeure pour un tems lié,
C'est sagesse : mais voyez comme
On craint d'être trop sage à Rome.

LXXXVIII.

Doit-on, quand on vient de pécher,
De l'Autel si-tôt s'aprocher ?
Qui peut désormais l'empêcher ?
Clément le veut, & voilà comme

Le Saint se donne aux chiens à Rome.

LXXXIX

Jadis un Pénitent banni
A l'Autel n'étoit réüni
Que quand son tems étoit fini.
Clément l'improuve, & voilà comme
L'ancienne Eglise plaît à Rome.

XC.

Quand un Chef excommunira,
Pour le moins il présumera
Que tout le corps consentira.
Clément s'en mocque, & voilà comme
On nous excommunie à Rome.

XCI.

La peur de l'être injustement
Ne doit jamais un seul moment
Mettre au devoir empêchement.
Clément le nie, & voilà comme
On séduit les peuples à Rome.

XCII.

En anathéme être traité,
Mais défendre la vérité
Sans jamais rompre l'unité.
Saint Paul l'a fait, & voilà comme
Les Appellans font avec Rome.

XCIII.

Le mal par un chef opéré,
Fruit d'un zéle inconsideré,
Par Jesus-Christ est réparé.
Clément le nie, & voilà comme
On se croit tout permis à Rome,

XCIV.

L'Eglise est en bute aux mépris,
Quand des Pasteurs d'orgueil pétris
Y dominent sur les esprits.
Clément s'en rit, & voilà comme
On a l'esprit de Pierre à Rome.

1. Per.
5. v. 3.

XCV.

Dans l'Eglise la vérité
A perdu sa simplicité,
C'est un trait de caducité.
Clément le nie, & voilà comme
L'Eglise est jeune & belle à Rome,

XCVI.

Dit-on qu'au succès du Pasteur,
S'oppose le persécuteur,
Afin que Dieu s'en montre auteur?
Clément s'en choque, & voilà comme
On se trahit soi même à Rome.

XCVII.

Très-souvent le juste est proscrit
De l'Eglise de Jesus-Christ;
Mais de la foi le juste vit.
Clément le nie, & voilà comme
On croit damner les Saints à Rome.

XCVIII.

L'orsque sans l'avoir mérité,
Comme un impie on est traité,
C'est un trait de conformité
Avec Jesus; & voilà comme
On fait souvent des Saints à Rome.

XCIX.

Souvent pour pallier son tort
On rend par un coupable effort
L'odeur de vie odeur de mort.
Clément le nie, & voilà comme
Les maux sont sans remede à Rome.

C.

Le tems où de la vérité
Le disciple est persécuté,
Ce tems a toûjours existé.
Clément le nie, & voilà comme
Joan. L'Evangile est menteur à Rome.
16.v.2

CI.

Dans l'Eglise le jurement
Ne sert le plus communement
Qu'à commettre le faux serment.
Clément l'ordonne, & voilà comme
Il faut jurer pour plaire à Rome.

FIN.

www.ingramcontent.com/pod-product-compliance
Lightning Source LLC
Chambersburg PA
CBHW051204050726
47594CB00007B/3055